AURELIO P BELLO

ARRIBA NGANGA NO HAY SENTIMIENTOS

Leyendas del AfroCaribe

Un acercamiento al entorno afrocaribeño.
Una ficción y 20 leyendas de lo real-maravilloso.
Glosario de vocablos y conceptos, además de la
presentación de varias deidades.

MISTICO MAR DE AGUARDIENTE

Soy mandinga y lucumí, madrileño y euskaldún.
Arte de meigas e iyalochas que hicieron al Tajo y al
Limpopo desembocar en el Mar Caribe.

Místico mar de aguardiente,
tú dirigiste la trata,
a corsarios y a piratas.
Paradigma inteligente.
Aguas de sangre caliente,
naufragios y blanca espuma.
En tu misteriosa bruma
moran negros ancestrales,
europeos espectrales,
desvencijados veleros,
desarmados cañoneros.

Vas tripulando un cayuco,
intrépido marinero,
completando tu jabuco.
Le agregaste brujería
de los dioses africanos
y de célticos arcanos,
de la Escritura Judía,
de Grecia y de Alejandría.

Pura magia de pintor
es tu inconfundible olor
de marismas, viento y sal,
también caña y cafetal,
tabaco, ron y sudor.
Un prisma multicolor
es tu jabuco, y un Grial.

DEL AUTOR

AURELIO P BELLO. Cubano. Placetas /1952. Naturalizado en España y USA. Residió durante muchos años en España y no tantos en USA. Estudios superiores de Matemáticas y Económicas en la Universidad de la Habana. Ha trabajado como programador de computadoras, analista de sistemas, comercial, contable, taxista pirata, asesor de inversiones, webmaster, fotógrafo, hostelero y empleado de WalMart. Actualmente jubilado. Artículos varios, poemas y fotos en publicaciones periódicas y digitales de México, USA y España.

AGRADECIMIENTOS

A Dios, origen, hacedor y destino.

A Olga, mi mujer, y a Cachita, mi cuñada.

A mis hijos, Aimé y Pancho.

A mis nietos de Cuba, Alejandro y Aurelito. A los de España, Paula, Alvaro y Olalla. Son inspiración por el mero hecho de haber nacido.

A mi hermano Jorge Bellido.

Muy en especial a todas esas personas que tuvieron la paciencia de compartir conmigo sus conocimientos y experiencias.

CONTENIDO

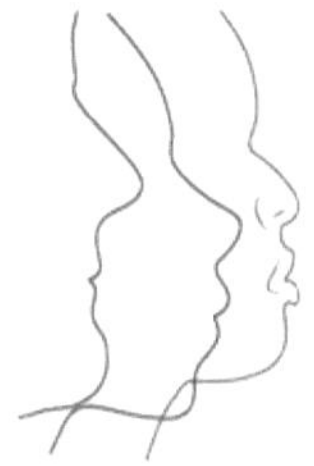

PRESENTACION

Cuando los negros africanos llegaron al Nuevo Mundo trajeron con ellos sus prácticas y creencias religiosas. En Cuba se distinguen principalmente las provenientes de Tierra Yoruba y las provenientes de Tierra Conga. Las primeras son las conocidas reglas de Osha y de Ifá, en las cuales los sacerdotes respectivos son el santero y el babalao. De Tierra Conga, es decir, proveniente de la cuenca del río Congo, se recibió la Regla del Palo Monte.

Estas prácticas y creencias no se han mantenido puras, sino que se han sincretizado, incorporando vínculos con la Iglesia Católica, el espiritismo, etc., y han sido ampliamente divulgados mediante la literatura, la música, la danza y las artes en general.

Pese a todo, estas religiones mantienen hoy sus misterios de otros tiempos. Sus oficiantes y ritos se mantienen aún muy ligados a la naturaleza. La medicina verde, dietas vegetales y de productos naturales, adoración de plantas y animales, conservación de espacios naturales, etc., son parte de la religión misma. Las ceremonias y ritos continúan siendo privativos de los consagrados y en ocasiones sólo de ciertas jerarquías dentro de la religión. Los conocimientos y las enseñanzas se transmiten de forma verbal y práctica, y se mantiene un respeto casi tribal a la palabra de los ancianos y mayores.

La práctica religiosa genera expresiones gestuales, musicales y danzarias. Está muy ligada a la artesanía y la plástica. También usa de la cocina, elaboración de licores, infusiones y medicina verde. De todo esto resulta una suerte de expresión artístico-ritual que va más allá de una mera manifestación de folklorismo para ser una manera natural de expresar la religiosidad.

El acervo literario es vastísimo y lo conforman infinidad de fábulas, leyendas y refranes en que los personajes son dioses, hombres, animales o plantas, objetos inanimados, el monte, el río o el mar, o una mezcla de ellos tan maravillosa que no podemos distinguir donde acaba uno y comienza el otro. Su forma es tan ingenua, fresca y elemental que resulta casi naive. Con frecuencia da lugar a temas propios de literatura infantil.

En apariencia sencillos y sin nexos entre sí, conforman un sistema que encierra una tremenda sabiduría resultado del paso de los siglos y el conocimiento de la naturaleza humana y el entorno natural. Los oráculos hablan a través de leyendas y refranes, y sólo personas muy sabias son capaces de dar una interpretación completa y correcta.

Personalmente quedé cautivado nomás hube de asomarme a este maravilloso mundo. Desde entonces soy un apasionado estudioso de la afrocubanía. La curiosidad intelectual que me asaltó al inicio fue cediendo paso a la fe, que me llevó a consagrarme como religioso. En mi poder tengo infinidad de notas producto de conversaciones con viejos profesantes y del conocimento práctico que se va adquiriendo con los años.

A partir de esas notas es que recreo las anécdotas que contiene este material que, de ningún modo, es una antología. Rompo con la tendencia de publicar las leyendas con el lenguaje y la forma en que fueron escuchadas. Las escribo respetando su esencia, pero con mi propio lenguaje. En mis notas sólo aparece la esencia anecdótica. Además, ¿quién puede decir cuál fue la forma original de esas leyendas?

En el presente trabajo queremos acercar al lector al entorno afrocaribeño. Hemos incluído una serie de fábulas y leyendas, así como una ficción de lo real-maravilloso. También se incluye un glosario que ilustra algunos vocablos y conceptos, además de la presentación de varias deidades.

El Autor.

ARRIBA NGANGA NO HAY SENTIMIENTO

Historia y comentarios sobre lo Real Maravilloso

"Tú no tienes tipo de palero", me comentó hace algún tiempo el presidente de una prestigiosa institución cultural cubana. Esto me hizo reflexionar acerca de "cómo son los paleros".

De *Tierra Conga*, es decir, proveniente de la cuenca del río Congo, se recibió la *Regla del Palo Monte*, que ya en Cuba se bifurcó en las ramas de *Mayombe y Briyumba*. Más recientemente André Petit fundó la *Kimbisa del Santo Cristo del Buen Viaje*, como un sincretismo con la Iglesia Católica. En la actualidad existen en Cuba casas de Palo Monte que se dicen practicantes del *Vudú*, pero en general se tiene poca información al respecto. Según comentarios de viejos inmigrantes haitianos asentados en las provincias orientales, las prácticas del Palo Monte se asemejan en mucho a los ritos *Vudú* que se practican en su país.

Las prácticas del Palo Monte se han sincretizado y han tomado también de la religión católica y otros cultos afrocubanos, como el

Abakuá o Ñáñigo, el *Arará*, etc. Pese a esto, las prácticas congas han mantenido sus misterios.

Los sacerdotes y consagrados usualmente no niegan su filiación, pero a los ojos de la gente mantienen su anonimato pues, fuera de las ceremonias, no ostentan atributos que los distingan. Incluso oficiando, estos atributos son muy contados.

Todas estas circunstancias han rodeado al palero, también conocido como *mayombero* o *brillumbero*, de un aura mágica y le han dado fama de brujo o hechicero, apelativos con que también se le conoce y se le nombra, principalmente por los profesantes de otras religiones. También se le ha dado fama de persona sin sentimientos y escrúpulos.

Es cierto que su condición y práctica pueden ser orientados hacia el mal, pero también es cierto que no siempre se hace daño y no todos los paleros lo hacen. Además, el resto de las reglas afrocubanas, aun cuando no es frecuente que lo admitan, están en la capacidad de "trabajar malo".

La capacidad para hacer el mal nace de la propia concepción de estas religiones, ya que su principal objetivo es resolver los problemas que se presentan a la persona durante su existencia y, en ocasiones, la única solución que concibe "el cliente" para un problema es mediante un daño o perjuicio a otra u otras personas.

Siguiendo la reflexión acerca de *"cómo son los paleros"*, vinieron a mi mente personajes célebres como los Generales Antonio Maceo y Quintín Banderas y otros, vivos en la actualidad, que no mencionaré sin su autorización, pero que llevan con orgullo su condición.

Según la mitología africana, las almas de los muertos van a morar al monte. Estamos en el monte, asomados a la dimensión de los espíritus.

Aparece una hermosa criatura en cuerpo de mujer. Los senos, tersos, apenas se mueven con su desplazamiento que es casi una danza. Corre, danza, se contonea, se revuelca, mordisquea un fruto. De donde pisa brota un arroyo; es la estampa de la sensualidad femenina. Claramente se trata de una acción de Yemayá, Madre Lango para los congos.

Se agazapa y mira desconfiada, algo le ha asustado. No hay de que temer, se trata de un conocido. Pero no pierde la oportunidad de salir a su encuentro y mostrarse provocativa, zalamera. Las formas de su cuerpo desnudo hacen que vibre el monte, y el hombre, que prefiere seguir su camino. Él sabe que puede ser peligroso.

Alguien más en su monte. Ahora se trata de un intruso. Se transforma en un torbellino de apariencia y fuerzas terribles, capaz de espantar al más valiente. Una vez limpio el camino, recupera sus formas elegantes y altivas. Justo a tiempo, pues llega su macho; lo mira con picardía y, como si lo hubiera hechizado, lo arrastra a su nido de aguas donde se entregan al juego del amor. Con ella hay que ser diestro, pues un descuido, y puede uno caer víctima de sus mañas de amante hechicera.

Esta criatura es la *nganga,* ayudante del brujo, con quien hizo un pacto. Ella también vive en nuestra dimensión, en un caldero donde el hechicero le tiene los secretos de su brujería. Ellos trabajan juntos. El con las limitantes de su condición humana, ella con sus poderes sobrenaturales, ahora aumentados con las atenciones que su tata le dispensa. Bajo las órdenes del hechicero su *nganga* puede ser bondadosa o cruel, tierna o asesina. Ésta siempre será, además, sensual, femenina, erótica. Pero no nos confiemos, puede ser desconcertantemente terrible.

Es usual que un palero tenga más de una *nganga*. Cada una será invocada de acuerdo con sus características y al trabajo que se desea realizar.

Acerca del palero y su *nganga* se ha acuñado una frase: *"arriba nganga, no hay sentimiento"*. ¿Quiere esto decir que los paleros y sus *ngangas* son necesariamente malos?

La mayor parte de las personas que acuden al hechicero padecen alguna enfermedad, atraviesan una mala racha, etc., y buscan que les cure o enderece la suerte. Con menor frecuencia el móvil resulta ser las bajas pasiones, y piden que haga un daño, generalmente en venganza.

Estamos de nuevo en la dimensión humana. Una bella mujer recorre las calles, mira provocativa a los hombres, se contonea zalamera, se ofrece, como quien muestra un fruto prohibido. Hay un hombre -siempre hay alguno- que se deja tentar y piensa que será presa fácil, pero es rechazado. Lo intenta una y otra vez, y una y otra vez hace el ridículo ante la vista de quienes observan el juego.

Al fin, el hombre toma conciencia de que ha sido víctima de una burla -quizás fue su propio victimario- y decide vengarse. Una acción violenta le puede acarrear problemas.

Un corazón limpio rápidamente pasaría por alto la burla y pronto reiría de sí mismo por sucumbir a manos del eterno femenino. Pero el corazón del hombre que nos ocupa está animado por bajas pasiones y prefiere vengarse ocultándose en las sombras y misterios de la brujería. Acude a un hechicero y le expone sus argumentos para que lleve a cabo sus planes.

Estos argumentos pueden ir desde la mentira -hay brujos que no registran todo lo que les dicen- hasta jugosos ofrecimientos. En ocasiones los argumentos sobran, pues algunos hechiceros sienten especial predilección por hacer el daño.

En este caso desconocemos los argumentos, pero sí conocemos que se acordó realizar el trabajo. Un trabajo malo que perdería la voluntad de la mujer y le quitaría alegría, suerte y amor.

El hombre se valió de malas mañas para llevar a la mujer ante el palero. Este los esperaba con su yayi en el cuarto del kindembo, una reducida y oscura habitación, sin ventanas y con el piso de tierra, las paredes y el techo cubiertos del hollín de incontables velas y otras llamas. Al fondo, un cantero separa el espacio en que se encuentran los calderos, algunos de hierro, otros de barro, de güira, o simples calabazas secas.

Todo en el lugar evidencia el estrecho vínculo con la naturaleza; carapachos de jicotea, palos del monte y vegetación muerta, plumas y aves disecas, pieles, patas y cabezas disecas de mamíferos, piedras, caracoles, e incontables frascos y vasijas con preparados medicinales y de brujería.

La mujer se resiste mientras la fuerza la mantiene frente al brujo, que hace un conjuro y tira al suelo una cadena alrededor de los pies de ella. Ordena que la suelten y abandonen el cuarto quedando solos él, la yayi y la mujer que, ahora, aunque lo intenta, no puede escapar.

La yayi enciende una vela y sirve malafo en una jícara de coco. El hechicero sorbe y sopla al suelo, sopla a los calderos, sopla a la mujer, toma él mismo y pone una jícara llena, en ofrenda, ante la vela. Seguidamente hace un conjuro para invocar a su nganga, la misma simpática nganga que ya conocemos. La nganga, en su dimensión, acude y toma cuenta del trabajo que se va a hacer. A partir de aquí el brujo realiza una serie de actos dictados tanto por la nganga como por la experiencia secular de su religión. Brujo y nganga trabajan como uno sólo.

El brujo toma un espejo y proyecta la luz de la vela hacia algunos rincones y objetos de su cuarto. En estos lugares se encuentran escondidos secretos que sólo él y su nganga conocen. Por fin proyecta la luz sobre los ojos de la mujer que, como fulminada por un rayo, deja de forcejear. La vista cae al suelo y el cuello y los brazos penden fláccidos; la nganga tomó posesión de su mente y la acomodó para que el brujo continúe su trabajo.

El brujo sacude a la mujer con un mazo de hierbas, de abajo hacia arriba, girando a su alrededor, mientras la yayi le sigue echando humo con el tabaco invertido. Después de tres vueltas, las hierbas son depositadas entre los pies descalzos de la mujer, mientras la yayi vuelve a morder su tabaco.

Quita el pañuelo que, como un toque de elegancia está anudado al cuello de la mujer, y lo entrega a la yayi. Corta a la mujer un mechón de pelos de la cabeza y lo deposita sobre el pañuelo. También corta pelos de las axilas y el pubis. Agrega dentro del pañuelo otros elementos, ya previamente preparados, que contiene una cazuelita de barro. Con todo esto, la yayi, que no ha dejado de dar vueltas alrededor de la mujer, hace un macuto que al final se entiza con una fuerte fibra vegetal. El macuto es depositado dentro de la vasija de barro, donde se le sopla malafo y chamba. Se le echan, además, otras sustancias de la tierra y del monte que constituyen secretos de la brujería.

El brujo toma la cazuela que contiene el macuto y, con la mano izquierda la sitúa sobre la frente de la mujer. En la mano derecha tiene un cuchillo con el cual le toca las sienes, la barbilla, los hombros, el vientre y los pies. Clava el cuchillo en el piso y junto a él pone la cazuela.

Alrededor de la cazuela y el cuchillo hace unos trazos con pólvora negra; los trazos que corresponden a nuestra conocida nganga. Dentro de la cazuela también echa pólvora. Una línea de pólvora pasa entre los pies de la mujer y llega al pie del caldero de Madre Lango. Con la vela enciende la pólvora de la cazuela y los trazos del suelo, que arden de inmediato. Mientras, la cadena es retirada y la mujer se va dando tumbos.

En su dimensión, la nganga danza, maligna, alrededor de la mujer, y juguetea con el macuto, a través del cual la tiene sometida. La mujer sigue su camino hacia quién sabe

De una forma u otra la *nganga* cobra todos los trabajos, en particular los malos. Es por ello que el hechicero, para preservarse, exige al hombre los animales que reclama la *nganga* como pago por tener sometida a la mujer. El sacrificio y ofrenda de estos animales se realiza en ceremonias secretas en las que no debemos entrar, con el permiso de los lectores.

La mujer perdió alegría, suerte y amor. En otro tiempo tan alegre, que transpiraba deseos de vivir y amar, quedó sumida en las penumbras. Con su mente perturbada, vaga sin rumbo a merced de la vida. No logra un minuto de tranquilidad, y no tiene voluntad ni para desear su muerte. Todo por provocar, sin quererlo, la venganza de un hombre animado por bajas pasiones.

De esas bajas pasiones hay que cuidarse siempre, pues hay personas capaces de hacer el mal por venganza, celos, envidia, y hasta por el mero hecho de hacer daño. Siempre aparece un hechicero dispuesto a aliarse con las bajas pasiones.

Sobre la maldad del hechicero aún no tenemos todo claro. Hasta aquí sabemos que él trabaja con una nganga con la que puede hacer el bien y hacer el mal.

Un hechicero amigo mío -sí, los hechiceros también tienen amigos- me decía que, con cierta frecuencia, se le ha dado el caso de que alguien acude a él para que quite un daño, sin saber que él mismo lo había puesto por encargo de otra persona.

¿Podemos concluir entonces que si el hechicero no tiene sentimientos buenos -ya que es capaz de hacer el mal-, tampoco los tiene malos, ya que es capaz de eliminarlo?

La mujer continúa arrastrando su desdicha hasta que un alma buena -de esas también existen- se apiada de su suerte y la lleva ante un hechicero a fin de que éste, si puede, la ayude. Por pura casualidad, éste es el mismo que tiempo atrás le había hecho el maleficio.

De inmediato el hechicero, que conoce bien su trabajo, averigua que se trata de un daño de brujería y que la mujer está sometida por su nganga. Este hecho le facilitará mucho el trabajo de devolver a la mujer su voluntad y ayudarla a recobrar alegría, suerte y amor. Un daño hecho por otro hechicero también puede eliminarse, pero sería más complicado.

La nganga recomienda que el daño sea eliminado mediante una limpieza con coco, y su camino se aclare con un baño de Madre Lango. Por esto se dispone que el ebbó se realice a orillas del mar, en la tranquilidad del amanecer.

El día del ebbó la mujer es conducida junto al mar, donde el hechicero la recibe con su yayi. Ordena a quien la trajo que se vaya lejos, para que no recoja el daño que se quitará a la mujer.

La yayi enciende una vela y sirve malafo al brujo, que sopla al suelo, a la mujer, toma él mismo y deposita una jícara llena, en ofrenda, ante la vela. Hace sus conjuros invocando a la nganga y dándole cuentas del trabajo que se va a hacer.

Limpian a la mujer con un mazo de hierbas, de arriba hacia abajo, y humo de tabaco. Las hierbas son lanzadas lejos, hacia el mar. También con un coco se limpia a la mujer. La cabeza, la nuca el pecho, los hombros, el vientre, las rodillas, los pies y las manos. El coco se sostiene sobre la cabeza de la mujer y es golpeado con el dorso de un machete, que lo parte derramando el agua sobre la mujer. Ella despierta, como de un letargo, y el coco se lanza lejos, hacia el mar.

Ya se nota animación en la mujer, que acaba de recobrar su voluntad. Mira a su alrededor reconociendo el lugar. Para ella el tiempo se había detenido desde el día que le hicieran el trabajo malo.

El brujo y su yayi la ayudan a entrar al mar donde, con rápidos ademanes, es despojada de la ropa que, hecha jirones, se entrega al agua para que arrastre la mala suerte. Sobre la cabeza de la mujer se vierte miel de abejas, canela y omiero fresco de hierbas aromáticas. Ella misma frota todo esto por su cuerpo, por la cabeza y la cara, por el cuello, los senos, el vientre y el sexo, los brazos y las piernas. El brujo y su yayi la ayudan a enjuagarse con el agua del mar, que es como si Madre Lango misma la acariciara y le prometiera alegría, suerte y amor.

La mujer, después del baño, viste una túnica azul en honor a Madre Lango. El brujo le entrega un resguardo hecho con un caracol, a fin de que en lo adelante esté protegida de las bajas pasiones.

La nganga, en su dimensión, desentierra el macuto que mantenía sometida a la mujer y lo deshace, destruyendo el maleficio que éste encerraba. Ahora la mujer es como su hija y debe ser protegida y ayudada.

Y pasó el tiempo. La mujer, recobradas su voluntad y alegría de vivir, sigue provocativa, ofreciéndose como un fruto prohibido. La nganga, en el monte, hace sus travesuras y, siempre atenta al llamado de su tata, cumple puntualmente las tareas que éste le encomienda, y se muestra tierna y solícita con sus buenos hijos, los que le cumplen como es debido.

De todas maneras, no debemos descuidarnos, cualquiera puede caer en sus redes de amante hechicera.

LA LEYENDA DEL COCO

Por ser justo, limpio y puro de corazón, *Olofi* elevó al coco a gran altura y le hizo blancas las entrañas y la piel. Pero demasiado tiempo en las alturas puede ser perjudicial, y *Obi*, por estar más alto, se creyó superior a los demás.

En una ocasión quiso dar una fiesta y mandó invitar a sus amistades. Todo el mundo se tenía por amigo del puro e inmaculado *Obi*. Su criado invitó a todos; los feos y los hermosos, los sucios y los limpios, los andrajosos, todos los que se consideraban sus amigos fueron invitados.

El día de la fiesta el coco enfureció al ver que junto a las personas importantes había venido a su casa una turba fea, harapienta, maloliente y sucia. Acudieron los menesterosos, los deformes, enfermos y andrajosos, pero *Obi* sólo quería recibir a los ricos y encumbrados. En su furia despidió a todos y abochornó a los miserables de la tierra.

A oídos de *Olofi* habían llegado rumores de la vanidad que manchaba la blancura de *Obi*. *Elegguá* le contó cuanto había sucedido en la fiesta y criticó duramente la forma en que *Obi* había tratado a sus amigos.

Olofi se disfrazó de mendigo y se presentó ante *Obi* para pedir limosnas. El coco le dio la espalda y le recriminó duramente por presentarse ante él en semejante facha. Además le llamó la atención sobre sus llagas que podrían contaminarlo. Ahora, sin fingir la voz, *Olofi* lo llamó por su nombre y *Obi* le pidió mil perdones por haberle tratado en esa forma.

Entonces Olofi le sentenció: "Obi, debo enmendar tu arrogancia. Conservarás blancas tus entrañas, pero no tu piel. Vivirás en las alturas, pero también rodarás por la tierra. Y como castigo, por maltratar a los hambrientos, enfermos y sucios, en lo adelante servirás también para alimentar, curar y limpiar".

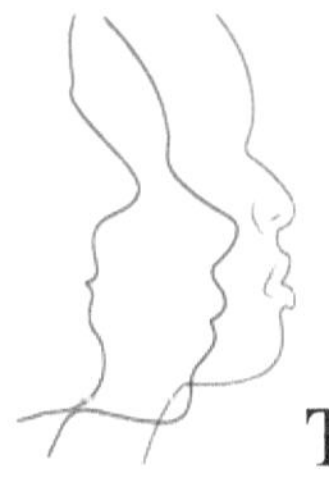

TRES RECETAS CON COCO

ARROZ ANTILLANO
Receta para alimentar

El singular sabor de este arroz lo hace especial para acompañar la carne de cerdo asada o frita, así como otras carnes grasas o saladas como el jamón, el tasajo, etc.

Poner en la olla de presión 2 tazas de arroz, 1 taza de frijoles cocinados, 1 taza de agua de coco y 2 tazas de agua común. Agregar sal al gusto y si lo desea puede incluirse un sofrito con especias, carne de puerco o jamón, etc. Cocinar a fuego moderado y dejar que la olla 'pite' durante 7 u 8 minutos. Retirar la olla del fuego y no destaparla hasta pasados otros 15 minutos.

Adecuando las particularidades de cocción, puede elaborarse en olla eléctrica arrocera o en una cazuela tradicional. La forma típica de cocción (lamentablemente ya casi en desuso) entre los negros del Afrocaribe es en una cazuela de barro cubierta con hojas de plátano y con un fogón de leña o de carbón vegetal.

* * * *

MANTECA DE COCO
<u>Receta para curar</u>

La manteca del coco posee propiedades naturales que la hacen muy adecuada para tratar la piel o el pelo dañados o quemados, o simplemente como crema bronceadora.

La masa de dos cocos secos se muele o se raya y se pone dentro de un recipiente con agua común durante un par de días. Pasados los días el agua se bota y la masa de los cocos se pone dentro de un paño fino y se exprime, tratando de extraer la mayor cantidad de zumo (para extraer el zumo pueden utilizarse jugueras u otros equipos que existen en el mercado).

El zumo de los cocos se pone en un recipiente de cristal y se deja reposar en un lugar fresco, hasta que la grasa se separe y flote en la superficie del agua (el proceso se acelera si el recipiente se pone a reposar dentro de una refrigeradora). Con una cuchara se va tomando esa grasa que flota sobre el agua y se deposita en un plato que se pone al sol por varios días, a fin de que se elimine cualquier residuo de agua.

* * * *

LIMPIEZA CON COCO
<u>Receta para limpiar</u>

Esta es una rogación que algunos *awós* recomiendan en casos en que la mala influencia sea debida a algún daño o mal ambiente dentro de la casa. Estas cosas deben siempre realizarse bajo la dirección de algún entendido, así como la medicina debe tomarse por prescripción facultativa, salvando las distancias.

Se toma un coco seco y se pinta con cascarilla, depositándolo al pie de *Elegguá* durante tres días consecutivos. Al amanecer se limpia la casa arrastrando el coco por el suelo, desde el fondo hacia el frente, y luego se vuelve a depositar al pié de *Elegguá*. Al tercer día, además, se limpia con el coco a todos los moradores de la casa, desde la cabeza hacia los pies.

Una vez limpio el último morador, la persona que realiza la limpieza sale de la casa, sin hablar ni prestar atención a nadie que se encuentre en su camino, y estrella el coco en las 4 esquinas más cercanas.

EL ORACULO DE BIAGUE

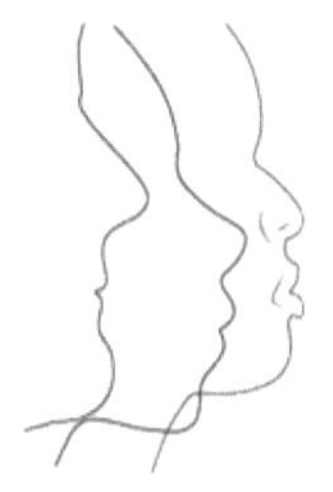

Un adivino llamado *Biague* tenía numerosos hijos, casi todos muchachos abandonados a quienes había cobijado en su casa y tratado como a hijos propios. Sólo el más pequeño, de nombre *Adiatoto* era su hijo verdadero, y sólo a éste confió, en el mayor secreto, el sistema que había creado para la adivinación con cuatro pedazos de coco.

Al morir el *awo* los hijos mayores se repartieron todo cuanto tenía su padre adoptivo, quedando el pequeño *Adiatoto* en la miseria.

Pasó el tiempo y el Rey se extrañó de ver un gran terreno en las afueras de la ciudad, sin cultivar y muy abandonado. Conociendo que el terreno había sido propiedad del difunto *Biague,* el rey mandó llamar a sus herederos.

Todos los falsos hijos se presentaron, pero ninguno pudo presentar pruebas de ser hijo del adivino. Así las cosas, el Rey mandó que en la plaza pública se pregonara su llamado por los herederos de *Biague,* antes de declarar el terreno como propiedad real. *Adiatoto*, que ya había crecido, subió a las murallas y tiró los cocos, según el secreto que su padre le había confiado, y desde allí habló sobre calamidades y glorias que se avecinaban a la ciudad.

El Rey le llevó a su palacio y a todas las preguntas los cocos respondieron con la verdad, dándose por satisfecho y entregando a *Adiatoto* lo que le pertenecía.

Biague fue el creador del sistema de adivinación con cuatro pedazos de coco, por lo que este oráculo lleva su nombre y es la forma más elemental de adivinación en las religiones africanas.

****

El *Oráculo de Biague*, muy elemental, sólo responde preguntas de SI o NO. De acuerdo con la pregunta el 'SI' puede significar que todo va bien, tranquilidad o felicidad. De la misma manera, el 'NO' significaría que hay algún problema o adversidad, o hay algún orisha o muerto que reclama algo o está descontento por alguna razón. Las letras del coco se leen como sigue:

ALAFIA.- Los cuatro pedazos hacia arriba. Hablan *Shangó y Orula*. No es una respuesta definitiva, hay que volver a preguntar. Si en el segundo tiro se repite, o es *ELLIFE* u *OTAWO*, significa 'SI'. Si cae *OYEKUN u OKANA SODDE* significa 'NO'.

OTAWO.- 3 hacia arriba y 1 hacia abajo. Responden Oggún, Yemayá, Shangó y Ochosi. Hay que volver a preguntar; si se repite significa 'SI', o si sale *ALAFIA o ELLIFE*. Si en el segundo tiro sale *OYEKUN u OKANA SODDE*, significa 'NO'.

ELLIFE.- 2 hacia arriba y 2 hacia abajo. Es la letra mayor. Significa 'SI' y no hace falta repetir la pregunta.

OKANA SODDE.- 1 hacia arriba y 3 hacia abajo. Hablan los muertos y los orishas *Oyá, Elegguá, Yewá, Babalú Ayé, Shangó y Aggayú*. Significa 'NO' y no es necesario preguntar de nuevo.

OYEKUN.- Los 4 pedazos invertidos. Hablan *Shangó y Oyá*. Dice 'NO' y no se repite la pregunta.

EL PRIMERO EN COMER

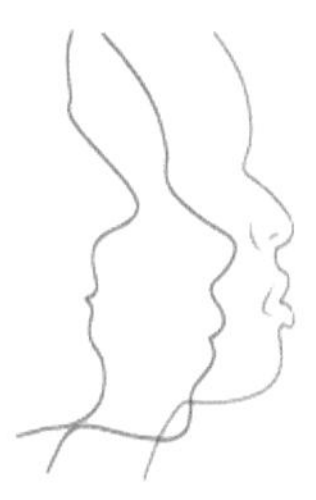

Elegguá, dueño de los caminos y hacedor de la suerte. Tramposo, mañoso y muy bromista puede ser además muy cruel, o muy benévolo. Todo el mundo está de acuerdo en que es el orisha que tiene que ver con los desvalidos y menesterosos, con los mendigos y los desamparados. Por eso es usual que se le represente por un niño o por un anciano. Vive en los caminos y en las encrucijadas del monte y las sabanas, o en los rincones de las casas, tras las puertas.

Este orisha, por mandato de *Olofi,* es el primero que come y el primero a quien se saluda. En eso debemos ser muy cuidadosos, pues es susceptible como un niño y nos puede virar la suerte.

Al principio de los tiempos, el *Padre Supremo* estaba muy enfermo, tanto, que se temía por su vida. Todos los médicos y todos los sabios, todos los curanderos y todos los adivinos probaron su ciencia, pero todo fue en vano. El anciano de pelo blanco, hacedor del mundo y venerado por todos, cada vez iba peor.

Elegguá se presentó en el palacio diciendo que él podía curarlo. Todos desconfiaron al ver al mendigo, sucio y harapiento, pero le dejaron probar. De su jolongo, lleno de trastos y desperdicios, sacó unas hierbas con las que hizo un preparado que dio a tomar al moribundo quien, de inmediato, comenzó a mejorar y en poco tiempo se recuperó del todo.

Una vez recuperado, *Olofi* mandó llamar a *Elegguá*, a quien le dijo que pidiera lo que quisiese. El pobre hombre no pidió riquezas ni propiedades. Él, que sabía de pasar hambre y soportar malos tratos, sólo pidió ser el primero en comer y ser saludado por todos.

Desde entonces, por mandato del *Padre Supremo*, a *Elegguá* es a quien primero se sirve de comer y de beber, y es a quien primero se saluda, y no se puede hacer nada sin contar con él.

EL CUIDADOR DEL HUERTO

Olofi había prohibido expresamente que nadie tomara de los abundantes y apetitosos frutos que había en su huerto. Para evitar que los golosos se dejasen tentar por lo que la tierra paría con tal bondad, nombró a *Elegguá* como guardiero.

Elegguá, celoso cuidador, no permitía a nadie ni siquiera acercarse. Ni él mismo era capaz de violar lo que había ordenado el Padre Supremo quien, desconfiado, todas las tardes contaba sus frutos, comprobando así, día a día, la honestidad de su fiel criado.

En cierta ocasión *Shangó y Oyá* tramaron un plan para comer de los frutos prohibidos. De forma engañosa alejaron a *Elegguá* y se ofrecieron para cuidar del huerto. *Elegguá* los dejó de mala gana, pero les exigió que cuidaran desde afuera.

No más el cuidador se perdió de vista, *Oyá* se encaramó sobre los hombros de *Shangó* y, mientras éste recorría los surcos, ella tomó con sus manos todo cuanto quiso. A su regreso *Elegguá* no vió nada anormal. En la tarde, tras el conteo de rigor, *Olofi* acusó a su fiel criado de haber faltado a sus órdenes.

Elegguá se disculpó como pudo y contó a su amo que *Shangó y Oyá* se habían quedado al cuidado del huerto. *Olofi* los mando llamar y al ser interrogados así dijeron:

- Somos incapaces de tomar lo que te pertenece, *Babá*. Tú, que lo sabes todo, sabrás si te decimos mentira.

- Si yo he puesto mis pies en tu huerto ¡que nunca más pueda caminar, Padre mío!, dijo *Oyá*.

- Si yo he tomado con mis manos un sólo fruto de tu huerto, ¡que nunca más mis manos sirvan para nada!, dijo *Shangó*.

Como ambos decían la verdad *Olofi* no los pudo acusar, por lo que el pobre *Elegguá* quedó en evidencia, y aunque no había pruebas contra él, no volvió a gozar de la confianza del *Padre Supremo* hasta que hizo rogación con un güiro, pero eso es materia para otra historia.

LAS DOS CARAS DE ELEGGUA

Elegguá estaba molesto con la forma en que le trataban los pobladores de una ciudad, y decidió formar una guerra entre ellos. Se puso un vestido que en la parte izquierda era muy elegante, mientras en la derecha eran puros harapos; por el contrario, su cabeza estaba muy bien peinada en su parte derecha y despeinada en la izquierda.

En esa forma se presentó en la plaza y los que le miraban por la izquierda comentaban:

- Miren que elegante está *Elegguá*, pero está despeinado.

Los que le miraban desde la derecha respondieron:

- Están ustedes locos. Por el contrario, está muy bien peinado, pero lleva puestos harapos.

Y así comenzó la discusión que se fue acalorando y terminó en una gran pelea, que no paró hasta que *Obbatalá* intervino.

ORANGUN Y EYIOGBE

El dios *Ifá* organizaba su tierra y a cada uno de los 256 reyes que componían su séquito iba dando lo que había destinado para cada cual.

En su trabajo de hacedor, había sido asistido muy eficazmente por *Ofún Meyi* (*Ofún Mafún u Orangún*, como también se le conoce), por lo que decidió darle el privilegio de ser la letra mayor de su oráculo.

- En la noche te me acercas -dijo *Ifá* - y te daré la gracia. Como estará muy oscuro te conoceré porque eres el único que tiene el cuerpo cubierto de pelos.

Eyiogbe, otro de los reyes, había escuchado la conversación, así que, al caer la noche, se puso encima una piel de carnero sin curtir y se acercó a *Ifá*. El dios lo palpó y, confundido, le concedió el aché que había destinado para *Orangún*.

Al rato llegó *Orangún*. *Ifá* primcro sc cxtrañó y después comprendió que había sido víctima de un engaño, por lo que habló así:

- Aunque fui engañado, mi palabra es sagrada. Quédese *Eyiogbe* con el privilegio de ser la letra mayor de mi oráculo, pues a él se lo entregué. Tú, *Orangún*, no serás el primero, pero tendrás tanto poder como *Eyiogbe*.

Es por esto que en la Regla de *Ifá* se reverencia por igual a *Ofún Mafún* que a *Eyiogbe*, a pesar de ser este último la letra mayor del oráculo.

EL ACHÉ

Un día de fiestas el dios *Ifá* reunió a los 256 reyes que forman su séquito, a fin de hacerles un regalo. Cada cual podría pedir lo que se le antojara, pues el dios estaba contento y había prometido concederlo.

Todos los reyes hicieron su pedido, y todos fueron complacidos. Dinero, joyas, mujeres, esclavos, propiedades y todo tipo de riquezas, poder, y hasta perdón para algún que otro pecado, todo lo concedió el poderoso y complaciente *Ifá*.

Oché Turá sólo *pidió* ni más ni menos que aché.

En efecto, las frías cosas materiales se gastan y hasta llegan a aburrir. Sólo el aché es riqueza efectiva. Está en la persona mientras viva, y bien usado puede brindar la felicidad que no logra todo el oro de la tierra.

Desde ese momento todos los babalawos deben marcar en el tablero el signo de *Oché Turá* antes de realizar un registro o cualquier otro trabajo, para pedir su aché.

ORULA Y EL BRUJO

El brujo era enemigo acérrimo de *Orula* y lo había retado en muchas ocasiones a combatir en diferentes terrenos, resultando siempre vencedor *Orula*. Había vencido en el río y en la sabana, en la ciudad y el cementerio, en el mar, etc. Siempre que había enfrentado al brujo, *Orula* lo había derrotado.

Como último recurso, el brujo retó a *Orula* para luchar en el monte, lugar que para los brujos no tiene secretos. *Orula* se registró y marcó rogación con una vara de madera. Con su varita en la mano, *Orula* se internó en el monte, tocando el suelo antes de pisar. Así llegó al lugar en que el brujo le había preparado una trampa, disimulando con maleza la boca de un profundo pozo de donde *Orula* no hubiera podido salir.

Al notar que el terreno no era firme, *Orula* se detuvo y miró a su alrededor para buscar otro camino. El astuto brujo, previendo esa variante, sobornó al chivo para que lo embistiera y arrojara dentro del pozo. El chivo se había lanzado a toda carrera sobre el anciano, pero *Ochosi*, el cazador, desde un lugar cercano estaba observando y, con un certero flechazo, dio muerte al traicionero animal.

Ante estas circunstancias el brujo no dio el frente para combatir con *Orula* y desde entonces se considera que *Orula* es el único capaz de vencer siempre la brujería de los paleros.

EL MATRIMONIO

Al inicio de los tiempos los hombres vivían separados de las mujeres, en otra tierra. Cuando tenían necesidad de hacer uso de ellas las iban a buscar y, después de satisfacer el apetito, regresaban cada uno para sus respectivos lugares.

No se conoce exactamente la causa, pero los hombres comenzaron a hacer la guerra a las mujeres. La cosa se puso fea, a tal punto que los hombres se prepararon para atacar la tierra donde vivían las mujeres. Antes del combate *Orula* les aconsejó hacer rogación, para que no perdieran la guerra. Los hombres contestaron que eso no era necesario, que a las mujeres se les vencía con poca cosa, y no hicieron la rogación.

Las mujeres se enteraron de la guerra que preparaban los hombres y se fueron a mirar con *Orula*. Éste les aconsejó un ebbó, a fin de que los hombres no las vencieran. Todas cumplieron al pie de la letra lo que *Orula* les marcó.

Llegó el día del ataque y, cuando los hombres se encontraban frente a las murallas de la ciudad de las mujeres, comenzó a llover, de tal manera que los atributos de guerra que llevaban se mojaron y no pudieron hacer uso de ellos. Cuando cayó la noche los hombres comenzaron a sentir un frio tan intenso que tuvieron que pedir auxilio a las mujeres. Las mujeres salieron a socorrerlos y cada una se llevó un hombre para su casa y lo alimentó y protegió del frio durante esa noche.

A la mañana siguiente *Olofi* decidió que cada mujer sería la esposa del hombre a quien había socorrido, y debían vivir juntos y los hombres trabajar para ellas. Fue así que nació el matrimonio.

LA MENSTRUACION

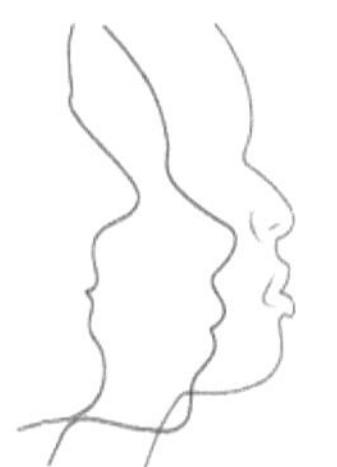

Un cazador estaba pasando mucha necesidad, pues casi no cazaba y no tenía para comer. Desesperado fue al monte y le imploró a *Osain* para que cambiara su situación. *Osain* se le apareció de entre los árboles y le entregó un secreto para que siempre tuviera abundante caza. Para ello tenía que venir a cazar siempre solo, para que nadie más conociera el secreto, y hacer rogación con las cabezas de los animales que cazara.

Desde ese día empezó a cazar abundantemente y su situación cambió. La mujer del cazador disfrutaba de esa buena situación, pero sentía una gran curiosidad por saber la causa de que los animales que su marido cazaba nunca tuvieran cabeza.

Un día ya no pudo soportar los deseos de conocer lo que hacía su marido con las cabezas y lo siguió al monte, sin que él se diera cuenta. Desde un escondite observó lo que hizo con las cabezas. Cuando el cazador terminó la operación se le aparece *Osain* quien, molesto, le pregunta por qué no había venido a cazar solo. El cazador le responde que él había venido completamente solo, como habían acordado. *Osain* le pregunta entonces quién era esa mujer que se encontraba cerca.

La mujer, al verse descubierta, sale de su escondite y pide perdón a su marido y a *Osain* por haberse dejado vencer por la curiosidad. *Osain*, como castigo, le dijo:

-- Si tu curiosidad era ver sangre, a partir de hoy la verás todos los meses. Además, por curiosa, siempre obedecerás a tu marido.

Desde entonces las mujeres tienen menstruación y tienen prohibido participar en las ceremonias o presentarse ante los fundamentos o deidades cuando están en sus días.

LA HERENCIA

Un príncipe exigió a su padre le entregara su parte de la herencia por adelantado, a fin de poderla gozar mientras fuera joven. Una vez con el dinero en su poder, antes de irse a recorrer mundo, fue a mirarse con *Orula*. Éste le recomendó hacer rogación antes de marchar, para evitar que el dinero se acabara en poco tiempo. El príncipe, desorejado, no hizo caso de la advertencia ya que pensó que esa cantidad tan grande de dinero no se acabaría nunca.

Sin hacer la rogación, se marchó y en muy corto tiempo había despilfarrado la fortuna entregada por su padre, a tal punto que su única propiedad eran los pobres vestidos que llevaba puestos.

Encontrándose en semejante miseria, fue de nuevo ante *Orula*, quien le registró y recomendó hacer rogación con su vestimenta. Esto era hacer una fogata con sus ropas en medio del monte y danzar alrededor de la misma. El hombre, en principio, se negó pues, decía, como iba a destruir su única ropa. *Orula* le recordó que todos los trabajos que estaba pasando se debían a no haber tenido fe en su consejo anterior, y así le convenció.

Al atardecer el harapiento príncipe se internó en lo más profundo del monte y allí se dispuso a realizar la rogación tal y como le había aconsejado *Orula*.

No muy lejos se encontraba una larga comitiva de un país vecino, formada por ministros, embajadores y comerciantes, que venían a entregar abundantes regalos al Rey y habían perdido el camino. Desde la distancia observaron el humo de la fogata y se dirigieron hacia el lugar, a fin de que alguien les orientara.

Al llegar se encontraron al hombre completamente desnudo, danzando y cantando alrededor de la fogata, y le explicaron que estaban perdidos y necesitaban un guía para llegar al palacio del Rey. El príncipe les explicó quién era y se ofreció para guiarlos. De inmediato recibió ricos vestidos y cabalgadura, según correspondía a su linaje, comenzando a percibir los resultados de la rogación que le aconsejó *Orula*.

A la mañana siguiente se puso a la cabeza de la comitiva y partieron hacia el palacio. El pueblo le reconoció y comenzó a correr el rumor de que el príncipe venía a la cabeza de un ejército para destronar a su padre. La noticia llegó a oídos del Rey, quien decidió que nadie le hiciera resistencia, ya que al fin y al cabo el trono le pertenecía, como único heredero, y él nunca enfrentaría a su hijo. Es más, dijo, aunque no me pida la corona, yo le cedo mi reino hasta donde él llegue con su caballo.

Las ideas de *Aladí*, que así se llamaba el príncipe, eran otras. Marchó pacíficamente por la ciudad y penetró en el palacio, arrojándose a los pies de su padre y reverenciándole como padre y Rey. Emocionado, al conocer la verdad, el Rey habló: "Prometí cederte el reino hasta donde penetraras con tu caballo y mi palabra es sagrada. Así que has llegado hasta la sala del trono, por lo que en lo adelante serás el rey".

De esta manera, gracias al consejo de *Orula* y la rogación que éste le aconsejó, el príncipe Aladí recobró lo que había perdido por su ambición y poco juicio.

LA VERGUENZA

Eyioko laboraba en una finca en que por una mísera paga debía trabajar muy duro durante todo el día.

Para colmo, el ambiente no era bueno y constantemente había chismes y habladurías, todo lo cual lo mantenía muy atrasado. *Eyioko* fue ante un awo en busca de un buen consejo para enderezar su suerte.

El awo recomendó una rogación para desenvolvimiento y un ebbó para evitar un contratiempo que le traería gran verguenza, pero Eyioko sólo prestó atención al primer trabajo y dio poca importancia al otro consejo del adivino.

En la noche, mientras enterraba la rogación bajo un árbol en un extremo de la finca, fue visto por un malintencionado. El hombre fue ante el dueño de la finca, poseedor de muchas riquezas y propiedades, tacaño y desconfiado. Acusó a *Eyioko* de haber robado a su amo, y dijo saber dónde tenía escondido el botín.

El dueño armó un gran revuelo y mandó a apresar a *Eyioko*, que a los ojos de todos se tuvo por ladrón, hasta que pasados unos días, se aclaró todo el asunto. *Eyioko* fue liberado y se le dieron satisfacciones, pero con todo, nadie le quitó el mal rato, la vergüenza y los días preso.

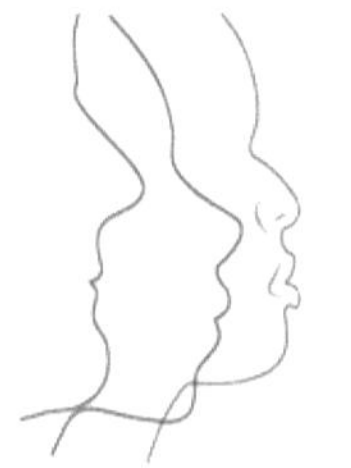

LA MUERTE DE LOS CANOSOS

Una vez se reunieron los jóvenes de la tierra y acordaron que los más viejos, los que tuvieran canas, debían morir, a fin de que los más jóvenes tomaran su lugar.

Según el acuerdo, *Orula* tenía que morir, ya que desde hacía tiempo peinaba canas. Se hizo a sí mismo un registro que le marcó rogación con un carnero blanco, con el cual daría una fiesta y repartiría la carne entre los invitados. El cuero del carnero sería cortado en tiritas y colgado de un cordel en la puerta de la casa.

Los invitados iban pasando y al tropezar sus cabezas con las tiras se les iban pegando pelos blancos. *Orula* anunció: *"Concluída la fiesta, todos los que tengamos canas tenemos que morir"*. Unos a otros se miraron y notaron que todos estaban canosos y revocaron el acuerdo, adoptando así el que rige hasta el momento, es decir, que cada cual se muera cuando le llegue su hora.

MALAFO LINGA

Cuentan que el congo Munalongo casó con una negra muy linda y fue a vivir a un conuco junto al río. La tierra producía y el matrimonio se quería. Eran felices.

Pasaron los años y Munalongo comenzó a tener problemas con su vigor. La mujer también cambió. Se tornó rezongona y siempre de mal humor, a tal punto que con frecuencia echaba al pobre negro de la casa.

Munalongo se refugiaba en donde su hermano, *kimbisero* de una casa de *Mayombe*. Inexplicablemente, esos días el hombre sentía un gran apetito sexual, pero su negra no quería ni mirarlo y lo recibía a estacazos. No le quedaba más remedio que irse a satisfacer al prostíbulo.

Preocupado por esta situación fue a verse con un adivino, quien lo registró y le aclaró que el misterio estaba en el *malafo* que tomaba con su hermano.

Efectivamente, su hermano, conocedor de hierbas y secretos del monte, preparaba esta bebida para combatir los efectos de la vejez, pues, le dijo, además tenía otras múltiples propiedades energéticas y medicinales, como digestiva, recirculante, diurética, etc.

Resuelto este problema, con su *buata ntombe* bajo el brazo, Munalongo seguía pensativo, a lo que su hermano preguntó el porqué:

- Es que ahora, ¿cómo voy a convencer a mi negra?

- ¡Muy fácil!, dijo el hermano entregándole otro recipiente.

OBBARA

Obbara era amigo de fantasear. Todo el mundo le tenía por mentiroso y embustero. Por esto estaba en la mayor mendicidad. Los demás Orishas le acusaron de mentiroso ante *Olofi*.

El *Padre Supremo* reunió a todos, obsequiándoles con una calabaza. *Obbara* recibió la más chica. Molestos con *Olofi* por haberlos llamado solo para darles ese insignificante regalo, cada uno salió con su calabaza, pero las tiraron en el camino.

Obbara salió el último. Vio las calabazas y las recogió todas. Las guardó en su casa, donde su mujer descubrió que la suya estaba llena de monedas de oro.

Olofi, en su oportunidad, volvió a reunir los Orishas. *Obbara* cogió su calabacita, se vistió de blanco, y se presentó ante el Viejo. Cuando llegó, ya todos estaban reunidos.

- Quiero saber, dijo *Olofi*, ¿qué han hecho con el presente que les hice la última vez que estuvieron conmigo?

Los invitados se miraron entre sí, sin saber qué responder. Entonces *Obbara* habló de esta manera:

- Tenga la mía, Babá. La guardo y, como al salir de aquí encontré en la sabana un montón de calabazas, las recogí todas, en reverencia a Usted, Padre Celestial.

- Esa calabaza y su contenido te pertenecen. Eres el único que apreció mi regalo y, como todos ellos dicen que eres mentiroso, ahora yo mando que tu palabra resplandezca sobre el mundo. Con verdad, fantasía o mentira se tendrá por verdadera.

Esta leyenda o patakí del Panteón Yoruba Afrocubano tiene un claro y poderoso simbolismo. *Obbara*, a través de su humildad, su perdón y su agradecimiento, se hizo merecedor de la facultad de hacer realidad sus sueños y fantasías.

EL PERRO

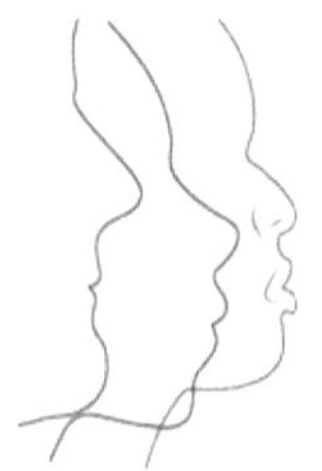

Un rey tenía un perro que siempre le había sido muy fiel. En una ocasión el rey fue a mirarse con *Orula* y éste le mandó hacer rogación con el perro. El rey se negó, aduciendo que él quería mucho a su animal y no permitiría sacrificarlo. *Orula* le contestó que esa sería su perdición, y el rey salió malhumorado de la casa de *Orula*.

A los pocos días un gran ejército atacó la ciudad donde vivía el rey y éste tuvo que abandonar el palacio y salir huyendo, escondiéndose en el monte, dentro de un tinajón. El perro se pasaba el día entrando y saliendo del palacio y dando paseos hasta lugar donde se encontraba escondido su amo.

El jefe enemigo preguntó de quién era ese animal, respondiéndole un sirviente del palacio que se trataba del perro del rey. Al soldado se le ocurre que el perro debía saber dónde se encontraba el rey y ordena seguirlo, descubriéndose así su escondite. El rey fue muerto por desobedecer los consejos de *Orula*.

OGGUN Y OCHOSI

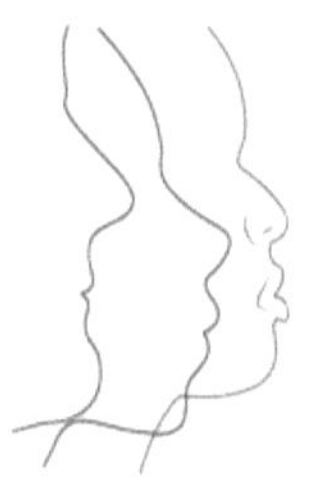

Oggún manejaba muy bien su machete, pero a pesar de esto tenía la comida muy lejos. Cuando se ponía a cortar la maleza para llegar al venado, éste se escapaba. *Oggún* siempre se lamentaba de que no podía cazar.

Ochosi también se lamentaba. Era un gran tirador de flechas y lograba darle muerte al venado, pero no podía alcanzarlo entre las malezas del monte.

Para no hacer larga la historia omitiremos detalles de cómo se encontraron, pero ambos se pusieron a hablar y lamentarse de su mala situación. En ese momento aparece un venado a lo lejos. *Ochosi* saca tres flechas y le dispara, dejándolo muerto, y le dice a *Oggún* "*tú ves, lo maté, pero no lo puedo alcanza*r". *Oggún* no le responde y con su machete, al instante, abrió una brecha en la maleza, llegando ambos a la presa.

Se compartieron el venado y convinieron en que eran necesario el uno para el otro, haciendo un pacto ante *Orula*.

EL FUELLE Y LA FRAGUA

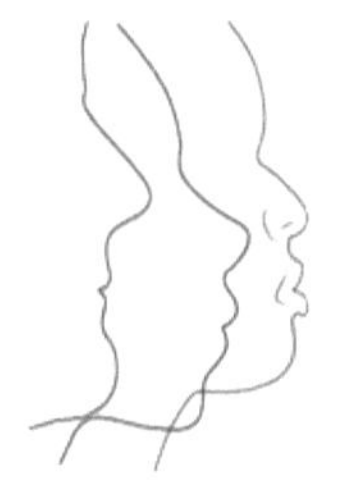 *Oggún* era herrero, pero pasaba muchos trabajos para mantener la candela en su fragua, y no podía dar cumplimento a su trabajo. De esto se lamentaba con su amigo el fuelle, quien se brindó para ayudarlo.

Al día siguiente, temprano en la mañana, el fuelle pidió a *Oggún* que le amarrara la boca dentro de la fragua y de esta manera la candela no se apagó y el herrero realizó todo el trabajo que tenía atrasado. Al terminar la jornada el fuelle dijo a *Oggún* que, ya que había terminado con su apuro, podía separarlo de la fragua y, si lo volvía a necesitar, él le serviría otra vez.

Oggún, viendo lo valioso de la ayuda del fuelle, decidió hacerlo su esclavo y nunca más lo separó de la boca de la fragua. Desde entonces el fuelle vive atado a la fragua y esclavo del herrero.

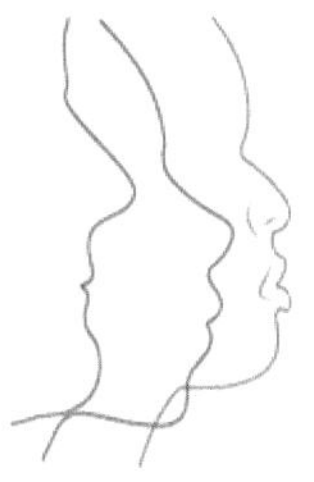

GLOSARIO

Acción.- Dícese de un espíritu que está consagrado o está al servicio de determinada deidad. Esto hace que tenga sus mismas características y comportamiento.

Aché.- Se trata de la gracia o el don que acompaña a una persona para determinada actividad. Se dice, por ejemplo, que los hombres con suerte en el amor tienen 'aché para las mujeres', que las personas simpáticas y fáciles de tratar tienen 'aché para las amistades'. Así también nos encontramos personas con aché para los negocios. Cuando una persona se consagra en una religión afrocaribeña recibe aché para determinadas acciones, como por ejemplo registrar con cocos o caracoles.

Achó.- Tipo de vestuario.

Awo.- Adivino. También se le denomina awó.

Babalao.- Sacerdote de la Regla de Ifá. También se puede escribir Babalawo. Ver Ifá y Orula.

Brujo.- Persona que practica la hechicería o brujería. En Cuba se denomina así, popularmente y un tanto de forma despectiva a los practicantes del Palo Monte. También se les denomina hechiceros, o mayomberos, o briyumberos.

Buata ntombe.- Especie de recipiente, parecido a una botella, confeccionado con un canuto de caña brava.

Caldero.- Ver nganga.

Chamba.- Bebida ritual muy fuerte, elaborada con aguardiente, palos, raíces y otras sustancias. Su composición y elaboración constituyen secretos de la religión. Posee un espíritu tan fuerte que cuando se destapa o se sopla provoca en las personas que están en los alrededores lagrimeo, estornudos, tos, coriza y otras reacciones. Resulta imprescindible en las ceremonias y en ciertos trabajos. Con ella brindan los mayores y se agasaja a los visitantes de categoría; también se ofrenda tanto a los muertos como a los fundamentos y deidades. En lengua conga se denomina, además, malafo cheche o malafo nganga.

Cuarto del kindembo.- Habitación-templo de los paleros, generalmente en el patio de la vivienda o dentro de ésta. Es el lugar donde, en un cantero de tierra, se encuentran los calderos. Kindembo se denomina a las cazuelas de barro; kandango se denomina a las cazuelas de hierro.

Ebbó.- Trabajo para la limpieza o purificación. Pueden ser complejos y que requieran de conocimientos de personas expertas, o muy simples, como un baño con perfume o flores, un baño de mar, etc. En ocasiones puede ser realizado por la persona interesada u otra que no tiene necesidad de estar consagrada. Los ebbós son siempre trabajos para bien. Las rogaciones son más o menos lo mismo, pero pueden estar dirigidas a otros fines.

Ekure.- Mendigo.

Elegguá.- Deidad afrocubana que se dice es el dios de los caminos, el mensajero de Olofi, el protector de los niños y de los ancianos y desvalidos en general. También puede hacer daño, y entonces se le denomina Eshu.

Ifá.- Deidad Suprema adorada en el reino de Ife. Su culto ha dado lugar a la Regla de Ifá, en la cual el sacerdote es el babalao. Ifá y su séquito, conformado por 256 reyes, es la base de su sistema adivinatorio y de gran parte de sus ritos. Para la adivinación, el babalao se vale de una cadena y un tablero con los que se comunica con Orula, que en este caso funge como un mensajero de Ifá.

Kimbisero.- Persona encargada de los preparados vegetales o naturales, para medicina o brujería.

Linga.- En lenguaje congo hacer el amor.

Macuto.- Envoltorio que se hace con diferentes objetos y sustancias. Constituye un trabajo permanente. Se entierra, se pone en determinado lugar, en un caldero, etc. Por regla general el macuto se envuelve en alguna fibra natural que, mientras más fuerte sea, más fuerte será el trabajo.

Malafo.- Aguardiente. Nombre genérico de las bebidas alcoholicas o espirituosas, rituales o no, que se brindan en las ceremonias y trabajos, o simplemente se ofrendan. Malafo cheche o malafo nganga, chamba; malafo sambia, vino dulce; malafo sese, vino seco.

Mayombe.- Una de las tres ramas que conforman en Cuba la Regla del Palo Monte.

Mirarse.- Ver Registrarse.

Nganga.- Espíritu que ha hecho un pacto con el palero y trabaja para él. Vive en un receptáculo preparado especialmente. También se denomina nganga a este receptáculo, o fundamento, o simplemente caldero. La persona que posee una nganga se llama ngangulero. Los receptáculos pueden ser calderos de hierro, de barro, güiros secos, jícaras de coco, calabazas secas, caracoles, etc.

Obbara.- Uno de los caminos de Shangó. Es Shangó mismo y en su camino fue donde adquirió el don de adivinar y que las cosas que dijera se cumplieran, aun siendo mentiras.

Obbatalá.- Orisha mayor, se dice que es el padre de los demás orishas. Dueño de las cabezas y la paciencia. Es puro por naturaleza y se le identifica con el color blanco. Es respetado por todos los demás orishas, por lo que se le invoca cuando hay necesidad de aplacarlos.

Obi.- El coco, fruto del cocotero.

Ochosi.- Es uno de los conocidos guerreros. Es el cazador, la habilidad y la inteligencia. Es el patrón de los que tienen problemas con la justicia. Es inseparable de Oggún.

Oggún.- Patrón de la guerra, del hierro, las maquinarias y la fuerza bruta. Es el dueño de las cárceles. De pocas palabras y muy mal carácter, pero de buen corazón.

Olofi.- Deidad Suprema. Es el creador del mundo para los yorubas, quienes los personalizan y humanizan. Como puede apreciarse no se trata del Dios omnipotente y omnipresente de otras religiones.

Omiero.- Preparado hecho con agua en la que se ripean hierbas, hojas y raíces, a fin de extraerles la savia. El omiero puede ser para beber, para baños, para limpiezas, para fricciones, etc. Generalmente se recomienda su preparación con agua de pozo, de río o de lluvia. Constituye una de las formas de elaboración de la medicina verde.

Orisha.- Vocablo que en yoruba significa santo o deidad.

Orula.- Deidad afrocubana, hermano de Elegguá y de Shangó, quien le cambió el tablero y la cadena de adivinar por su aché para el baile. Orula se considera como el adivino. Verse con Orula o ir ante Orula, son frases equivalentes a registrarse o consultarse con un babalao.

Osain.- Dueño del monte, de la medicina y la brujería. Se considera que Osain es la naturaleza misma. Tiene una sola pierna, un solo brazo y un ojo; una oreja grande, por la que no oye nada, y una chica, por la que lo oye todo.

Oyá.- Dueña del cementerio y de las centellas. Inseparable de Shangó, aunque no es su mujer oficial.

Palero.- Ver brujo.

Registrar.- Es el acto de adivinar. Por extensión también se llama registrar a cualquier tipo de averiguación que un palero o santero hace mediante caracoles, cocos u otra forma de adivinación. También se llama verse o mirarse.

Resguardo.- Talismán para protejer y alejar las malas influencias. Puede llevarse consigo, o para tener en un lugar cercano a la persona.

Rogación.- Ver ebbó.

Shangó.- Dueño del trueno. Simboliza la virilidad masculina. Se dice que en él se unen todos los defectos y las virtudes humanas. Aunque estaba casado con Obbá y su mujer era Oyá, fue amante de casi todas las orishas femeninas. Entregó a su hermano Orula el tablero de adivinar, que le había regalado su padre Obbatalá, a cambio del aché para el baile. Al fin y al cabo, él no lo necesitaba, ya que se le considera como un adivino nato. Ver la leyenda de Obbara.

Soplar.- Una forma de ofrendar bebidas que consiste en retener una pequeña porción en la boca, y soplar con los labios ligeramente separados, provocando una pulverización del líquido. A los muertos se les sopla en el suelo, en un rincón; a los calderos se les sopla directamente en su interior. Generalmente durante un trabajo sobre las personas, se les sopla encima, a fin de ofrendar al ser que las asiste.

Tablero.- Ver Shangó, Orula, babalao e Ifá.

Tata.- Su traducción literal es padre, pero significa una jerarquía en el Palo Monte. También significa padrino o una persona que es muy respetada dentro de la religión. De la misma manera Taita significa abuelo, y Tatandi significa bisabuelo, dentro de la genealogía de una casa.

Trazos.- Dibujo que, como una firma, identifica a alguien dentro de la religión. Poseen trazos que los identifican las deidades, los fundamentos, los consagrados, las casas, etc.

Diversos trabajos llevan firmas específicas que es imprescindible conocer para poderlos realizar.

Yayi.- Literalmente significa madre. Es la máxima jerarquía que puede obtener una mujer, por consagración, en la regla del Palo Monte. También significa madrina y es muy respetada dentro de la religión. Usualmente oficia, en las ceremonias y otros trabajos, como asistente del tata.

Yemayá.- Deidad yoruba, se sincretiza en Cuba con la Virgen de Regla. Se tiene como la madre de todos los orishas y dueña de las aguas. Entre los congos se sincretiza como Madre Lango, que significa madre de aguas. Es el símbolo de la elegancia y la femeneidad.

www.ingramcontent.com/pod-product-compliance
Lightning Source LLC
Chambersburg PA
CBHW020458160726
47991CB00007B/2710